VS 10116

# LA NOUVELLE IMPRÉVUE,

## DRAME.

(Etienne Guillaume
Colombe dit de Jan...
Jean la Guérard)

# LA NOUVELLE IMPRÉVUE,

## DRAME

EN UN ACTE ET EN PROSE,

DÉDIÉ AUX DAMES.

Par M. de S<sup>te</sup> C...

---

La vertu la plus pure, unie à la beauté,
Est l'ouvrage chéri de la divinité.
*Venise sauv. Trag. Act. I, Scen. V.*

---

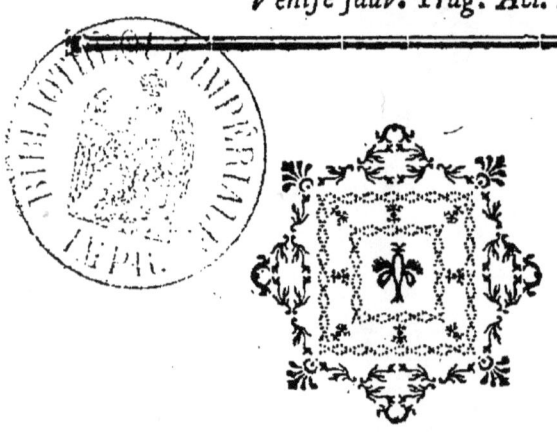

## A PARIS;

Chez HARDOUIN, Libraire, rue du Mail.

---

M. DCC. LXXIV.

*Avec Approbation & Permission.*

# AUX DAMES.

En mettant sous vos yeux le Drame dont je vous fais l'hommage, ce n'est pas un exemple que je prétends vous donner. Si tous les époux n'ont pas le sort *heureux de Florange, c'est leur faute ; ils n'en ont pas les qualités : quand les maris voudront être tendres & fideles, ils trouveront toujours des femmes honnêtes & sensibles. C'est sur votre sexe, par préférence, que la vertu exerce plus puissamment ses droits ; votre cœur se prête plus facilement à ses douces impressions. Une éducation sage soutient toujours vos dispositions naturelles, & manque rarement de perfectionner cet heureux penchant aux vertus les plus intéressantes. Si quelques femmes s'écartent de ces principes, ce n'est jamais le goût, ce sont les circonstances qui les entraînent, & les hommes qui en murmurent sont bien injustes, puisqu'ils sont*

## AUX DAMES.

les premiers auteurs de ces écarts. Humiliés de leur foiblesse, ils s'imaginent sans doute la rendre moins coupable, en s'efforçant de vous la faire partager. Je me flatte que vous lirez ce Drame avec complaisance, la beauté aime à se voir; c'est un miroir que je vous offre.

## ACTEURS.

LA MARQUISE DE FLORANGE. {*Les premieres Scenes en peignoir, cheveux épars: quand elle rentre à la septiéme Scene; vêtue en blanc, coëffée en fleurs.*}

LE CHEVALIER DE MONVAL. {*Habit superbe, coëffé négligemment, un air de désordre.*}

MARCELLE, jeune personne qui a la confiance de la Marquise. {*En caraco, coëffée de nuit, elle revient en robe & coëffée en cheveux, à la septiéme Scene.*}

DEFRESNE, Valet-de-chambre du Chevalier. {*Habit verd complet, galonné d'or, ceinturon, couteau de chasse.*}

Deux Femmes-de-chambre en tabliers blancs.

Laquais en grande livrée.

*La Scene est à Paris, à l'Hôtel de Florange.*

---

*Le Théâtre représente un Sallon superbement meublé, il donne sur un jardin; il est neuf heures du matin, en été; le Secrétaire de la Marquise est ouvert, & laisse voir quelques brochures, de la musique, une lettre qui n'est pas achevée, & une bougie allumée. Sur un petit chevalet est le portrait de son époux, qui est presque fini. Tout près on voit un piano forté, de l'autre côté une harpe, & un petit métier avec tout ce qui est nécessaire pour broder. Contre une des croisées est une corbeille remplie de fleurs, la porte vitrée qui donne sur le jardin est ouverte.*

# LA NOUVELLE IMPRÉVUE,
## DRAME.

### SCÈNE PRÉMIERE.

MARCELLE, *seule, assise, accordant une Guitare.*

Madame est bien heureuse que je l'aime... lui tenir compagnie malgré la triste vie qu'elle nous fait mener ! Toujours amante de son mari, elle ne respire que pour lui, & son absence lui fait tourner la tête.... (*Elle tire quelques sons de sa Guitare.*) La vilaine chose que la guerre ! Pourquoi est-il Colonel ? Et d'où vient son Régiment est-il en Corse ?.... Si Monsieur étoit ici, tout seroit charmant dans cet Hôtel.... (*Elle prélude.*) Il est bon, généreux, adore sa femme.... contre l'usage du siecle.... cherche à embellir tous les momens de Madame.... nous serions tous contens ; mais

A

il est loin de Paris, cela change la thèse...(*Elle pose la Guitare sur un fauteuil d'un air de mauvaise humeur.*) Si cela ne finit pas, je tomberai malade : Madame de Florange ne dort point, ne prend aucun plaisir, ne fait que soupirer, tout l'ennuie....Ah! si jamais je me marie....je crois que j'aimerai mon époux, mais ce sera raisonnablement : pourquoi s'afflige-t-elle?...Il y a sûrement bien des femmes qui voudroient être à sa place....(*Elle se leve & regarde une carte de la Corse, qui est sur le Piano forté.*) Voilà une isle qui occupe bien ma Maîtresse, son cœur & son esprit y voyagent continuellement. (*Elle regarde le tableau du chevalet.*) Elle a presque achevé le portrait de son mari.... Il est en vérité plus ressemblant que celui qui est au bracelet de Madame.....On a bien raison de dire que l'amour donne des talens!...Peindre son amant avec plaisir....on conçoit cela ; mais son mari, cela me passe!...La veste est commencée.....elle la brode en chenille, c'est pour l'hiver à son retour.....Verd & gris de lin, espérance, amour sans fin. Ah! ma chere Maîtresse, votre amour tire parti de tout....dussiez-vous me quereller, je ne veux plus que vous vous chagriniez ; vous reverrez dans peu Monsieur plus amoureux que jamais ; à quoi vous aura servi de vous être attristée?...Je n'ai jamais eu une si grande envie de dormir.... (*Elle se rassied.*) nous nous sommes couchées ce matin à cinq heures, & levées à neuf.... pourquoi ? je n'en sais rien !...Madame a rêvé que le Marquis étoit très-mal de sa blessure....cela n'a pas le sens commun ; il nous a écrit qu'il étoit presque rétabli....allons, allons, Madame, vous êtes chimérique...Mais la pendule sonne neuf heures & demie.... Arrangeons dans ces vases les fleurs que le Jardinier vient d'apporter.... (*Elle tire de sa poche une Étrenne Mignone, & la feuillete.*) Peut-être s'amusera-t-elle aujourd'hui..... c'est le quinze, oui, le quinze de Juillet, fête de son époux, elle doit lui donner son bouquet, comme s'il étoit présent; le Chevalier de Monval, l'ami de Monsieur, dinera ici, & quelques Dames qui doivent concerter avec la Marquise. Puisse-t-elle sur ses inquiétudes se faire un peu illusion. (*On sonne.*) Un moment, Madame... Elle ne me laisse pas un instant de repos. Ma belle Maîtresse, vous seriez parfaite, si vous n'aimiez pas tant votre mari.

## SCENE II.

### LA MARQUISE, MARCELLE.

LA MARQUISE, *tenant une lettre & son mouchoir à la main.*

JE vous croyois en compagnie, Marcelle, vous parliez donc toute seule?

### MARCELLE.

Pas tout-à-fait.... Je jasois avec ma raison, je la questionnois.... elle me donnoit des conseils, dont je vous ferois bien part.... si j'osois.... mais, Madame....

LA MARQUISE, *se jettant dans un fauteuil & portant son mouchoir à ses yeux.*

Ah! ma pauvre Marcelle.... que pourrois-tu me dire? Mais je t'aime & veux bien t'écouter.

A ij

#### MARCELLE.

Ma chere Maîtresse, plus vous avez de bonté pour moi, plus je veux m'en rendre digne.... Ne le dois-je pas? Chaque jour est marqué par de nouveaux bienfaits.... Je vous suis autant attachée par l'amitié que par la reconnoissance.... J'ose vous assurer que je vous respecte autant que je vous aime.... j'ai votre confiance, je ne veux point en abuser.

#### LA MARQUISE.

Tu me connois trop, Marcelle, pour craindre que je ne prenne pas en bonne part tout ce que tu me diras; élevée avec moi dans le même Couvent, tu ne m'as jamais quittée, j'ai tâché de te faire oublier l'injustice de la fortune, qui t'a laissée orpheline dès l'enfance, je sais que tu m'es sincérement attachée.... parle, ma chere, sans aucune crainte.

#### MARCELLE, *lui prenant les mains.*

Madame, au nom du ciel, prenez un peu sur vous de moins vous affecter de l'absence de votre époux, à quoi cela sert-il? à vous troubler l'âme... d'ailleurs êtes-vous la seule femme dans ce cas-là? qui peut vous inquiéter? Il a été blessé dans le dernier combat, il est presque rétabli; la Gazette a fait son éloge, sa réputation est constatée!... il ne court plus de risque; vous devez être tranquille, contente.... Jeune, belle, riche, vous êtes adorée de lui.... que vous manque-t-il pour être heureuse? Dans deux mois, il sera à vos genoux, où je suis... il vous grondera sans doute de tous les tourmens que vous vous faites.... j'en tremble; mais en vérité vous n'êtes plus reconnoissable, regardez-vous dans ces glaces.... la pâleur a pris la place des plus belles couleurs; ces yeux, ces yeux charmans... qui font-ils ? là, je m'en rapporte à vous.... des malades.... toute votre personne a un air de langueur qui m'effraie.... Le Marquis, à ma place, vous diroit : cruelle épouse, vous ne m'aimez pas, car si je vous étois cher, auriez-vous négligé des appas qui sont à moi.... qui font mon bonheur?... Votre santé, à qui ma vie est attachée, ne vous intéresse pas.... Voulez-vous ma mort ? Eh bien ! que lui répondriez-vous ?

## LA MARQUISE.

Que tu es séduisante ! Marcelle, tu intéresses ma raison.... mais tu ne persuades pas mon cœur. Si tu savois ce que c'est que d'aimer, comme j'aime, tu ne serois pas étonnée du genre de vie que j'ai choisi.... Séparée de Florange, je n'existe plus.... mon être est le sien.... mon âme n'est animée que par l'amour que j'ai pour mon mari; & privée de sa présence, mon état est la langueur.... Non, mon époux, point de bonheur sans toi.... à peine sortie de l'enfance, il est, comme tu le sais, ma chere, le premier homme qui m'ait intéressée.... c'est l'époux qui m'a été donné par ma famille.... par une heureuse destinée, il étoit celui que j'aurois choisi de préférence.... Juge combien je m'estimois heureuse de sentir mon cœur d'accord avec ceux à qui je devois le jour.... Depuis que nous sommes unis, deux années se sont écoulées dans le bonheur!... c'est un moment pour mon cœur ! Il manque cependant à ma félicité d'avoir un gage de sa tendresse, le ciel jusqu'à ce jour ne m'a point encore favorisée de ce bonheur.... hélas! je n'ai point le doux nom de mere.... (*Après un silence.*) Marcelle, j'ai beau vouloir prendre sur moi, me faire une raison, me dire que plus on aime son mari, plus on doit s'intéresser à sa gloire, qu'un honnête homme se doit à son Prince, à sa Patrie.... mon amour n'est point d'accord avec tout cela.... l'absence de Florange est un supplice pour moi.... J'ai des torts.... je le confesse, mais mon cœur est obstiné, & il veut toujours les avoir.

### MARCELLE.

Hé bien, gardez vos torts... mais ne soyez point extrême.... vous vous devez quelque chose à vous-même ; d'ailleurs croyez-vous que Monsieur vous saura gré d'avoir altéré vos charmes.... Tenez, Madame, les hommes ont beau dire, ils sont flattés d'avoir une jolie femme, leur amour-propre est satisfait.

### LA MARQUISE, *sérieusement.*

Vous êtes dans l'erreur, Marcelle, mon époux ne pense pas comme le commun des hommes.... (*avec feu*) il m'a dit cent fois, non, mon Olimpe, ne crains jamais mon inconstance, c'est ton âme... ce sont tes belles qualités que j'adore ; on n'est presque jamais infidéle qu'à la beauté.

### MARCELLE.

Voilà qui est touchant.... il faut pourtant convenir que c'est unique.... cela m'attendrit.... j'en tire une conséquence très-juste, c'est que tous ces beaux sentimens doivent vous encourager à vous conserver pour lui.... oui, Madame, je dis plus, ils vous l'ordonnent.

## LA MARQUISE, *avec vivacité.*

Tu as raison, Marcelle.... si j'en crois un secret pressentiment, je dois être tranquille... contente... ah! oui, je suis la plus heureuse de toutes les femmes.... allons, allons, je vais me livrer à la douce idée de revoir bientôt un époux que j'adore.... c'est mon amant.... ah! il le sera toujours! Espoir enchanteur!... (*Prenant une palette & des pinceaux.*) Il faut que je retouche à son portrait.... son coup d'œil est trop gai, je voudrois qu'il fût plus tendre... c'est mon cœur qui l'exige.... Qu'en dis-tu, ma bonne?... Je ne suis point à moi, quand je vois les traits de Florange.... (*Elle quitte la palette & les pinceaux.*) Quel feu s'empare de mes sens..... Ah! mon époux, quel pouvoir vous avez sur moi! (*Elle se jette dans un fauteuil, tire une lettre de sa poche, la baise & la lit avec transport.*) Je ne me lasse point de relire sa derniere lettre, qu'elle m'est chere! je tremblois pour ses jours.... elle m'a rendu l'espoir.... que ne puis-je en recevoir à chaque instant!

*Pendant tout ce couplet, Marcelle s'occupe à arranger des fleurs dans les porcelaines.*

(*Elle lit.*)

« Plus d'inquiétude, mon Olimpe, je suis presque » rétabli. Mes jours me sont précieux, puisqu'ils » vous appartiennent.

Ah! cher époux!

» J'attends avec la plus vive impatience, l'heureux » moment, où le plus fidele, le plus tendre des » maris sera aux genoux de celle qu'il adore ».

Oh! certainement il n'y a point de femme dans

le monde auffi aimée que moi. (*Elle voit une feuille de gazette fur une chiffonniere, & la regarde en foupirant.*) Voilà une Gazette défefpérante ! qu'elle m'a fait verfer de pleurs ! Honneur, cruel honneur !.... devoir.... tu as manqué de me priver de celui fans lequel je ne puis plus vivre... (*Elle va à fon fecrétaire.*) J'ai envie d'achever ma lettre... non, ce fera pour demain, je fuis fûre que fa longueur n'ennuiera point le Marquis... (*Elle ferme le fecrétaire, fe remet dans le fauteuil, & regarde le portrait de fon époux qu'elle porte en bracelet.*) Cher Florange, que d'amour tu m'infpires !... (*Après un filence.*) Que l'art du peintre eft foible, tu es mieux dans mon cœur. Pour me diftraire un peu.... Marcelle, je vais me mettre à mon clavecin, & m'accompagner l'air que j'aime tant, qui fe chante dans Amour pour amour *.

### MARCELLE.

Je vais vous entendre avec le plus grand plaifir... les paroles font de vous.

### LA MARQUISE *chante en s'accompagnant.*

Un Epoux que l'on aime,
Doit combler nos defirs.
Quand il penfe de même,
C'eft couronner tous nos plaifirs.

### MARCELLE.

Que j'aime à vous voir vous amufer ! vous embelliffez les talens.... (*Lui baifant la main.*) Si vous continuez, toute votre maifon va fe livrer à la joie, au plaifir.... votre bonne humeur va nous donner des jours heureux.... Oh ça, vous prendrez votre chocolat de fanté ?

* Comédie de la Chauffée.

## LA MARQUISE.

Non, j'aime mieux des fraises, fais-m'en apporter. (*Marcelle sonne, parle bas à une Femme-de-chambre qui sort sur le champ. La Marquise continuant regarde l'étoffe qu'elle brode.*) Ces couleurs feront bien à mon époux; il est si charmant que tout lui va. (*Elle s'assied, & tire de sa poche un porte-feuille qu'elle parcourt avec vivacité.*) Ceci est mon trésor.... il n'est rempli que des ouvrages de mon amant.... tout ce qu'il renferme est des plus précieux pour moi.

(*Elle lit.*)

De la Bastia.

*Vers à ma femme pour le jour de sa Fête.*

« Toi que j'estime autant que j'aime,
» Chere Epouse, reçois un bouquet de ma main,
» Ce sont mes sentimens dictés par l'Amour même,
» Et la pure amitié les dicte dans mon sein.
» Olimpe, belle Olimpe, au gré de mon envie,
» Que ne puis-je à l'instant me réunir à toi!
» Trop heureux de te voir me confirmer ta foi,
   » Je reprendrois une autre vie ».

Cher époux, comment puis-je payer tant d'amour? Ah que mon cœur se prépare à te prouver sa reconnoissance! (*Elle se regarde dans une glace.*) Marcelle, je veux être élégamment coëffée aujourd'hui..... c'est un beau jour de fête.... c'est celle de celui que j'aime....Tu seras contente de moi, je serai de la plus grande gaieté.

## MARCELLE.

J'aime à vous voir de la sorte.... ma chere Marquife, je renais. (*Deux Femmes-de-chambre en grand tablier blanc, apportent deux jattes de porcelaines, l'une remplie de fraises, & l'autre de sucre ; une caraffe d'eau, une cuiller & une soucoupe remplie de biscuits, elles posent le tout sur la chiffonniere, après l'avoir couverte d'une serviette.*) Allons, Madame, voilà vos fraises.

## LA MARQUISE.

Je vais déjeûner avec plaisir.... je les trouve délicieuses.... Oui, tu as raison, Marcelle, j'étois maussade.... singuliere..... ah ! tu ne me feras plus de reproches... Pour que ma satisfaction soit parfaite, chante-moi ma Romance favorite, celle dont la musique & les paroles sont de mon mari.

## MARCELLE.

J'obéis à Madame.... je suis enchantée d'elle.

*Marcelle chante en s'accompagnant de la Harpe.*

Je sens de la tendresse,
La douce volupté :
De son aimable ivresse
Que je suis enchanté !

Quand j'accorde ma lire,
Que mon cœur est flatté !
J'amuse ma Thémire,
Et j'en suis écouté.

Au lever de l'aurore
Je chante le plaisir,
Et je le chante encore,
Quand le jour va finir.

Plus je vois ma Bergere,
Plus je ressens d'ardeur ?
Nous aimer & nous plaire
Fait notre seul bonheur.

## LA MARQUISE.

Brava, bravissima, tu chantes comme un ange... tu es toujours nouvelle pour moi.... ta complaisance me plaît.... (*Elle tire sa bourse.*) Tiens, ma chere, voilà six louis pour completter les ajustemens de ma robe de Taffetas-lilas que je te donne aujourd'hui.

### MARCELLE.

Madame.... je suis confuse....

### LA MARQUISE.

De quoi ? Ah mon amie ! j'ai sûrement plus de plaisir à te faire ce petit présent, que tu n'en as à le recevoir.... A propos, voilà vingt-cinq louis que tu distribueras à mes gens.... (*bas*) & ving-cinq autres pour les honnêtes personnes à qui j'ai le bonheur d'être utile. Je vous recommande le secret, donnez-leur toujours en particulier.... ménagez surtout leur délicatesse... qu'ils soient tranquilles, je ne les abandonnerai pas.... ils ont dans mon époux un ami sûr, un pere tendre.... Ceci, au moins, Marcelle, n'est point à compte de leur pension, c'est en faveur de la fête de mon mari.... Ah ! qu'il est flatteur d'être à même d'obliger.

### MARCELLE, *voulant se jetter à ses genoux*.

Quel cœur de femme !..., vous êtes la bienfaisance même, soyez toujours aussi heureuse que vous le méritez, c'est le vœu sincere de mon âme.

### LA MARQUISE, *lui donnant sa main à baiser*.

Tu es bien aimable, ma bonne amie.... Allons, décide comment je me parerai aujourd'hui.... je veux être tout en blanc.... me le conseilles-tu ?... C'est ma folie que cette couleur.... Je mettrai des diamans dans ma coëffure.... non, des fleurs.... Florange m'aime de la sorte, il dit que cela me va au mieux.

## SCENE III.

LA MARQUISE, MARCELLE, DEFRESNE, UN LAQUAIS.

### LE LAQUAIS.

LE Valet-de-Chambre de M. le Chevalier de Monval.

### LA MARQUISE.

Verrai-je bientôt le Chevalier ? C'est aujourd'hui une grande fête pour son amitié, c'est celle du Marquis.

### DEFRESNE.

Madame, il ne tardera pas à se rendre auprès de vous ; j'ai l'honneur de vous remettre de sa part, un bouquet & la brochure que vous lui avez demandée.

LA MARQUISE *reçoit le bouquet qu'elle donne à Marcelle.*

Il est bien bon, le Chevalier, de se ressouvenir de ses amis dans les moindres choses.... depuis quelques jours il est d'une tristesse qui m'a inquiétée ; je compte pourtant qu'il s'amusera aujourd'hui avec nous.... Marcelle, j'ai envie que l'on me coëffe ici.... ( *Marcelle sonne, deux Femmes-de-chambre entrent, des Laquais apportent une toilette, & desservent ce qui est sur la chiffonniere.* ) Je veux être charmante au dîner, au concert.... Mesdemoiselles, vous êtes toutes deux adroites.... surpassez-vous.... il faut dans mes cheveux des fleurs naturelles.... toutes en barbeaux.... j'en vois dans ces vases.... ( *Marcelle lui en donne un paquet.* ) Ah ! qu'ils sont d'un beau bleu.... je suis blonde.... cela m'ira à merveille, qu'en dis-tu ?

## MARCELLE.

Mais dites-moi un peu, qu'est-ce qui vous va mal ? *(On coëffe la Marquise à sa toilette. Marcelle, pendant ce temps-là lui fait un bouquet.)*

## DEFRESNE.

Si j'osois ajouter quelque chose à ce que vient de dire la spirituelle Mademoiselle Marcelle, je prierois Madame d'être persuadée qu'elle embellit les parures les plus simples.... Madame est au-dessus de mon éloge, mais je la prie de croire qu'il n'est rien de plus vrai.

LA MARQUISE, *toujours à sa toilette, parlant alternativement à Defresne & à ses femmes.*

Mais.... vous êtes charmant, Defresne, rien n'est plus obligeant que ce que vous me dites.... vous êtes le meilleur garçon du monde.... *(à ses femmes.)* Je ne veux que de la poudre grise.... *(à Defresne)* plein de talens.... je placerai moi-même cette fleur.... vous jouez du violon joliment.... allez donc doucement.... très-bien la comédie.... ne craignez pas de m'impatienter.... rien n'est plus amusant que vous.... Je me ressouviens toujours de votre rôle de Valet dans l'Amant Auteur, vous me fîtes le plus grand plaisir.

## DEFRESNE.

Si Madame m'avoit entendu dans la Tragédie, dans les Drames ; elle est indulgente.... mais j'aurois sans vanité mérité son suffrage, je n'outre point, mais dans les grands momens.... j'ai une âme....

une âme.... c'est un volcan.... d'ailleurs un organe, des gestes.... sans prévention, je fais illusion.... & sur-tout aux femmes....: sans le profond respect que j'ai pour Madame, je lui dirois....

LA MARQUISE, *toujours à sa toilette.*

Vous êtes en vérité bien amusant, Defresne; vous allez sans doute souvent au Spectacle? sur-tout à la Comédie Françoise? cela forme.

DEFRESNE, *hésitant.*

Oui.... Madame.... ils ont quelques talens.... il y en a même parmi eux de supérieurs, qui pourroient servir de modeles. Si les Actrices ont des défauts.... qui n'échappent pas à nous autres connoisseurs.... leur joli minois, leurs graces les font oublier. Pour les Acteurs, je suis inexorable.... il ne faut pas que cela vous surprenne; je suis de ces gens éclairés, qui ne peuvent oublier leur mérite, pour en trouver aux autres.... d'ailleurs.... en général ils sont applaudis.... au reste, Madame, permettez-moi de garder le silence....

LA MARQUISE.

Je vous y crois obligé, car ils plaisent; pour moi ils m'intéressent souvent, & m'amusent beaucoup.... (*Elle se leve.*) Pour cela, Mesdemoiselles, je suis coëffée comme un ange.... Je vais mettre du rouge.... c'est une fantaisie.... Ah ciel !.... qu'allois-je faire, mon mari ne le peut souffrir.... Tenez, Defresne, voilà dix louis que je vous prie de recevoir, c'est une légere marque de ma reconnoissance, pour le plaisir que vous me donnâtes au dernier concert, où vous m'accompagnâtes. (*Mar-*

celle lui donne le bouquet qu'elle a fait, qu'elle refuse en souriant.) Je veux celui du Chevalier.... ( Marcelle le lui donne.) je le garderai, ma bonne, pendant tout le jour.... je porterai le tien au souper. ( à Defresne. ) Tenez-vous prêt pour jouer au premier jour, Germon dans Nanine...( à ses femmes.) Allons, Mesdemoiselles, dans mon appartement m'habiller.... ( à Defresne.) Partagez les amusemens que ce jour, qui m'est cher, va procurer à mes gens.

## SCENE IV.

### DEFRESNE, seul.

ME voilà donc récompensé comme un homme à talent, cela flatte mon amour-propre.... Que Madame la Marquise est une digne femme ! serois-je si bien auprès d'elle sans mon mérite ? Non, non, il n'est rien de tel que de se faire connoître, que de se rendre nécessaire dans la société, sur-tout dans le chapitre de l'amusement.... la réputation se fait, on est bientôt essentiel.... Il faut aussi en convenir, personne n'est plus propre que moi à briller.... j'ai l'esprit du siecle.... je chante, danse passablement, dans un concert je fais comme un autre ma partie.... pour la Comédie, c'est ma passion.... aussi j'y réussis à surprendre; je suis cependant toujours Valet-de-chambre.... ce titre me choque.... Pourquoi ? Je n'en fais rien dans le fond, car le Chevalier me traite en ami, je dispose de tout chez lui, j'ai sa confiance, & la mérite ; il est chagrin depuis quelque temps, cela m'inquiéte ; ce qui me pique, c'eſt que moi qui ſuis ſon confident, il m'a fait myſtere d'un paquet qu'il a reçu de Corſe; auroit-il eu de ce pays-là quelque mauvaiſe nouvelle? Ah! j'y ſuis, c'eſt la perte de ſon procès qui l'affecte, & puis il eſt un peu romaneſque, il ſonge toujours à une ancienne Maîtreſſe, une Eugénie, qu'il a perdue la veille de l'épouſer; à cela près, c'eſt l'homme le plus aimable, le maître le plus reſpectable.... je ne le quitterai que pour un état, alors je me ferai illuſion.... & j'oublierai comme tant d'autres, mon premier début dans le monde. Mais pendant que je ſuis ſeul ici, livrons-nous à notre manie; je vais répéter deux ou trois tirades de caracteres.... Ces glaces me mettront à même de me juger.... Commençons par le rôle d'Abbé; c'eſt un perſonnage théatral qu'on fourre par-tout. (*Il contrefait l'Abbé, parle en graſſeyant, mettant un mouchoir blanc à ſa bouche.*)

Non, Baronne, d'honneur, je ne puis être des vôtres ce ſoir; je ſuis excédé; mes ſociétés abuſent de ma complaiſance, je n'ai pas un moment à moi, je ſuis écuyer depuis huit jours de la jeune Lindanne; rien n'eſt plus fatigant que cet avantage... Elle va à tous les ſpectacles dans un jour, viſite tous les bijoutiers & les faiſeuſes de modes, joue des parades chez elle à minuit, & ſoupe à une heure.... La Comteſſe de Limeüil, il y a un mois, pour certains éclairciſſemens, ſur certains détails... de ces affaires.... m'a tenu à Auteuil enfermé avec elle quatre jours entiers.... J'ai des romans à faire, un rôle à apprendre, un opéra bouffon à finir; mon Drame, dont on parle tant, n'eſt qu'ébauché.... Je ne puis y tenir.... D'ailleurs j'ai des vapeurs, des inſomnies.... Je ſuis ſi échauffé.... Je prends
des

des bains.... Adieu, tendre Baronne.... Ne me boudez pas; vous me donneriez de l'humeur.... Si mes gens ne me portent de votre appartement dans ma désobligeante, je ne pourrai jamais m'y rendre. — Je suis assez content de cet essai.... Contrefaisons le vieux Seigneur, qui accoste une Princesse & sa Dame d'honneur, dans un de ces spectacles, abus du goût, faits pour le peuple, & fréquentés trop souvent par ce qu'on appelle bonne compagnie... Il veut garder l'*incognito*.... Je me costume.... Je suis en frac, en linge qui n'est pas du jour.... C'est l'étiquette, j'escamote ma plaque sous mon chapeau.... que je laisse pourtant soupçonner.... Puis d'un air ironique, moitié respect, & moitié mystère, la lorgnette à la main, me tenant mal sur mes jambes, ferrant les épaules, me traînant sur la pointe du pied, j'aborde leur loge & les perore ainsi : ( *Il parle en homme oppressé, toussant par intervalle, & mangeant des pastilles.* )

Vous êtes divine, ma belle Dame.... En vérité je ne suis plus le même depuis le jour que je vous rencontrai au Colisée.... sur mon honneur, il m'est impossible de vous voir sans vous adorer.... je sais que vous êtes honnête.... Le Baron de Volsan, que vous connoissez, devoit arranger un souper.... pour me mettre à même de vous dire mille choses intéressantes.... mes devoirs à la Cour ce soir-là, ont dérangé cette partie....j'en ai été désespéré.... je vous retrouve donc.... ne me tenez pas rigueur, je vous supplie.... apprenez-moi votre demeure... j'irai demain au soir vous y faire ma cour.... vous me donnerez à souper.... nous prendrons des arrangemens sages pour vos plaisirs & votre fortune.... pour notre bonheur commun, le tout avec mys-

B

tere.... Vous m'entendez? Depuis que j'ai quitté la volage Céline..... j'éprouve un vuide affreux dans le cœur,... que vous remplirez, mon cher Ange, fi vous voulez.... On nous examine.... je ne puis vous en dire davantage.... mais croyez que je perds la tête depuis que je vous ai vue. — Pas mal, assurément.... Passons à l'élégant qui persiffle dans son boudoir une femme à prétention. (*Il se couche dans un fauteuil, une jambe sur l'autre, parle bas en hésitant & ricannant, se flattant le visage avec un bouquet.*)

Mais, Marquise, malgré le profond respect que je vous ai voué, je vous trouve originale... croyez-vous me tenir toujours en lesse comme votre épagneul... Je vous adore.... mais je ne puis plus me gêner à ce point.... il y a de quoi périr.... à vous parler au vrai, vous êtes trop exigeante.... d'honneur, je ne puis plus y tenir.... toujours dans la langueur, dans les soupirs.... vous êtes d'une jalousie assommante.... Dans des instans.... que je vous rends délicieux.... où le plaisir vous résigne.... vous avez des scrupules.... qui.... qui font d'un singulier.... Vos vapeurs continuelles m'excédent.... foi de Chevalier, il y a des momens où j'ai envie de rompre avec vous..... mais sur le chapitre des procédés.... je suis d'un gaulois... oh! mais cela n'est pas croyable.... d'ailleurs.... je suis d'une sensibilité.... d'une sensibilité.... je n'aime point à donner de chagrin aux femmes.... Ah! j'ai des principes.... à la réflexion. Je conviens, Madame, que je vous ai quelque obligation.... au vrai vous m'avez payé vingt mille écus de dettes.... mais c'est un prêt.... ce ne sont pourtant au fond que des misères, quand on s'aime.... ce qui est de très-

sûr, c'est que je perds ma fortune par ma constance...
je suis affiché pour être tout à vous.... c'est d'un
ridicule.... si vous saviez tout ce que je vous sacrifie.... mais c'est inconcevable. — Ma foi il faut
convenir que je suis excellent, unique.... J'entends
quelqu'un.... c'est le Chevalier.... rentrons dans
notre sphere.

## SCENE V.

### LE CHEVALIER, DEFRESNE.

LE CHEVALIER, *d'un air froid & contraint.*

Madame est, dit-on, à sa toilette.

### DEFRESNE.

Oui, Monsieur, elle acheve de s'habiller.

### LE CHEVALIER.

Laisse-moi seul.

## SCENE VI.

LE CHEVALIER, *seul, dans la plus grande agitation après un moment de silence.*

Quel parti prendre?... j'ai formé les plus belles
résolutions.... elles s'évanouissent au moment de les
exécuter.... mon plan cependant est conçu avec
sagesse.... depuis que je m'y suis arrêté.... je n'ai

pas été un inſtant ſans y réfléchir.... ſans relâche le jour & la nuit j'en ai été occupé.... & lorſqu'il faut la plus grande fermeté, la préſence d'eſprit la plus marquée.... tout me manque.... ( *Il s'aſſied & paroît dans le plus grand accablement.* )

Ah ciel!... j'ai écrit à Madame de Bonnelle que j'avois beſoin de ſa préſence, pour m'aider à faire ſupporter à ſa fille ce terrible événement; quelque diligence qu'elle faſſe, elle ne pourra être ici que dans quelques jours.... ce qu'il y a de plus cruel pour moi, c'eſt qu'il n'y a plus moyen de différer; demain...cette après-dînée... ſa fortune qui n'eſt pas encore décidée en ſouffriroit... peut-être la perdroit-elle, n'ayant point eu de fruit de ſon hymen... d'ailleurs il faut des formalités dans cette triſte circonſtance, qui ne veulent point de retard.... Ah mon ami!... mon ami!... que vous me cauſez de douleur.... Que ne ſuis-je anéanti.... mon âme eſt un océan d'incertitude... en proie tour à tour à l'effroi, à l'amitié, à la douleur, aux regrets.... je ne ſais où j'en ſuis.... ( *Il ſe leve avec feu.* ) Il ne faut pourtant pas que je ſuccombe.... ( *Il ſoupire.* ) Ah mon cœur! que vous êtes foible!... Cruelle circonſtance!... liens reſpectables de l'amitié, à combien de devoirs vous m'aſſujettiſſez.... Grand Dieu! donnez-moi la force de les remplir!... Que j'ai beſoin moi-même de conſolation!... tout ſemble ſe réunir pour m'accabler; la perte d'un procès qui m'ôte la moitié de mon bien.... le ſouvenir de ma chere Eugénie.... & pour comble de malheur.... Florange.... l'ami le plus ſincere... l'homme le plus digne.... le plus eſtimable.... c'eſt trop de malheurs à la fois.... j'oublie les autres.... ce dernier m'accable.... je ne puis le ſoutenir....

Que dis-je!... eſt-il tems de m'abandonner au déſeſpoir?... puis-je perdre de vue que je dois tout à mon ami?... obéiſſons à ſes derniers ordres qui ſont ſacrés pour moi.... ſon épouſe, la moitié de lui-même, a beſoin dans cet affreux moment des plus grandes conſolations.... Ciel! ô ciel! inſpire-moi ce qu'il faut que je faſſe, éclaire mon âme... échauffe-la du feu de l'amitié.... éleve-la au-deſſus d'elle-même, je ne puis rien ſans ton ſecours. (*Il s'appuie ſur le bord de la cheminée, la tête ſur les mains qui lui couvrent le viſage, & paroît plongé dans la plus profonde rêverie.*)

## SCENE VII.

LA MARQUISE, *parée*, LE CHEVALIER.

(*Marcelle ſort avec ſa Maîtreſſe, & rentre dans l'appartement, après l'avoir regardée d'un air de complaiſance & avec ſatisfaction.*)

LA MARQUISE, *à Marcelle.*

TU me trouves donc bien comme cela?... j'en ſuis flattée.... c'eſt un moment d'amour-propre que je rapporte à la tendreſſe que j'ai pour Florange.... je m'embellis ſûrement du plaiſir de le revoir bientôt. Ah! voilà Monval.... il eſt bien aimable d'être venu de bonne heure. (*Elle s'approche de lui lentement.*) Il rêve.... il ne m'apperçoit pas.... Chevalier, qui peut vous occuper ſi ſérieuſement?

### LE CHEVALIER, *embarrassé.*

Pardon, Madame, je n'ai point voulu que l'on m'annonçât, je savois que vous étiez à votre toilette.... Vous me surprenez dans les réflexions.... je suis forcé malgré moi de m'y abandonner.... Dans la position où je me trouve, s'il m'avoit été permis de me refuser à l'honneur de vous faire ma cour aujourd'hui.... je l'aurois fait.... mais la fête d'un ami qui m'est cher, la satisfaction d'être auprès de vous dans un jour si intéressant....tout l'a emporté sur la raison qui sembloit me prescrire de ne point vous voir.

### LA MARQUISE, *avec empressement.*

Vous m'inquiétez, Monval.... au nom de notre amitié, ne me faites point un mystere de vos chagrins..... vous auriez déja dû m'en instruire, c'est avec ses amis qu'on trouve des motifs de consolation.

### LE CHEVALIER, *toujours embarrassé.*

J'en conviens, Madame, aussi n'ai-je pas prétendu vous les cacher toujours.... Depuis quelques jours j'ai perdu un procès considérable.... c'est la plus grande injustice.... Peut-on compter sur les hommes?... J'avois raison au fond, mais ayant manqué à la forme, j'ai été condamné.... par cet Arrêt je me vois privé presque de tout mon bien.... Je ne suis point intéressé.... mais cet événement me fait perdre en partie la satisfaction d'être utile aux infortunés.

### LA MARQUISE, *avec intérêt.*

Ah je respire.... mon cher Chevalier; votre

malheur n'est point irréparable, mon époux est votre ami, il est riche, qu'il sera heureux que cette circonstance, toute désagréable qu'elle paroît, lui procure le bonheur de partager sa fortune avec vous!... Vous serez obligé d'accepter son offre....votre délicatesse ne doit point en être offensée....vous lui avez toujours rendu service, prévenu en tout, il a les mêmes droits que vous....que votre position rend réels....il en usera, & certainement vous ne pourrez pas, sans blesser ce que vous devez à votre ami, vous y refuser.

LE CHEVALIER, *en soupirant.*

Devoir tout à mon ami seroit flatteur pour moi, ne croyez pas que mon amour-propre en souffrît.... Non, Madame, l'adversité n'est rien en pareille circonstance, quand on a des ressources aussi respectables; plût au ciel que les hommes pensassent, le malheur ne seroit presque jamais qu'un être idéal, si le cri de l'humanité se faisoit entendre dans tous les cœurs.

LA MARQUISE.

Convenez donc, Chevalier, que vous avez tort de prendre sérieusement un événement....que notre amitié peut changer....vous faire même oublier.

LE CHEVALIER, *hésitant.*

J'en demeure d'accord....mais il est des momens....où notre âme se refuse à la raison.... la mienne est dans le cas....d'ailleurs.....un malheur présent en rappelle d'autres....Depuis quelques temps le souvenir de ma chere Eugénie, m'occupe continuellement avec une nouvelle vivacité....sa

perte est toujours présente à mon cœur.... cinq ans
se sont écoulés sans que je l'aie oubliée un seul
instant.... Ah! Madame, (*avec feu*) vous dont
l'âme est si tendre, si délicate, vous vous imaginez
aisément combien la mienne est pénétrée; quand je
pense à tout ce que j'ai perdu, graces, esprit, beauté,
vertu, Eugénie.... mon Amante étoit l'assemblage
le plus parfait.... c'étoit vous-même.... vous me
la rappellez.... mon bonheur dépendoit de passer
mes jours avec elle, nous allions au pied de l'Autel,
resserrer les liens de l'amour par ceux du devoir....
quand le ciel m'en a privé.... Une cruelle maladie
me l'a ravie dans le printems de son âge.... On ne
meurt pas sans doute, pour être frappé des plus
cruels revers.... j'ai toujours langui.... A la fin,
sans être consolé... j'ai trouvé quelque soulagement à
ma douleur dans le bonheur de votre société, &
l'amitié de Florange.... J'ai resté dans le monde,
attaché à l'Ordre de Malte, je m'y suis fixé pour
toujours, j'ai fait mes vœux, ne voulant jamais for-
mer d'autres chaînes que celles de cette même amitié
qui à présent me tient lieu de tout; passer des jours
languissans dans les regrets, voilà mon état; avoir
toujours le cœur déchiré, voilà mon sort; il est triste,
mais je ne puis plus connoître le bonheur.

## LA MARQUISE.

Vous ne nous êtes donc pas sincérement attaché?
Nous n'avons donc aucun pouvoir sur votre esprit?...
Car si cela étoit, vous auriez trouvé des ressources
consolantes dans notre amitié.... Ah Monval!...
où est donc cette fermeté d'âme que vous vantiez
tant, & qui doit nous soutenir dans l'adversité....
vous m'en avez fait souvent des tableaux frappans...

je ne puis l'oublier.... il sembloit que la raison vous prêtoit son langage.... vous m'auriez presque consolée dans une situation désespérée.... Je disois à mon époux, votre ami est supérieur aux hommes que nous connoissons.... qu'il est sublime dans sa façon de penser!... il éclaire, il persuade.... (*Le Chevalier soupire.*) Eh quoi! Chevalier, pour vous-même, vous oubliez des principes sûrs & qui peuvent seuls vous aider à supporter le malheur.... j'en ai l'âme pénétrée.... vous m'alarmez.... Quel changement s'est fait en vous?... vous paroissez hors de vous-même.... (*Elle s'arrête un moment.*) Non, ce n'est point la perte de votre bien qui vous touche... vous avez l'âme trop noble.... c'est le seul souvenir de votre Eugénie.... Hélas! je ne vous blâme point d'être toujours affecté de cette perte.... mais songez donc qu'elle est irréparable.... Ah Dieu! je ne puis sans frémir penser qu'on peut être séparé pour toujours de ce qu'on aime... qu'il n'est point dans le monde de bonheur durable.... (*Elle se trouble & se remet.*) Chevalier, éloignons aujourd'hui, je vous le demande en grace, tout ce qui peut nous affecter, prenez sur vous-même, quittez cet air sombre qui m'alarme.... faites quelqu'effort pour un ami..... c'est sa fête, c'est un grand jour pour nous.

### LE CHEVALIER.

Que vous donnez de force à la raison!... Cependant si vous étiez à ma place.... ou dans une circonstance.... triste.... comme il en est.... qui changeât votre sort, pourrois-je me flatter de me faire entendre à votre âme.... Ah Marquise! on donne souvent des conseils dont on auroit de la peine à profiter.

### LA MARQUISE.

Il est vrai, Chevalier, que dans les premiers momens de la douleur, on ne doit plus être à soi... je me peins en frémissant qu'il est des pertes qu'on ne peut pas supporter.... Si j'étois dans ce cas-là... que deviendrois-je!... j'imagine cependant que le ciel nous donne des secours dans les plus grands malheurs.... si cela n'étoit pas, y pourroit-on résister ?

### LE CHEVALIER.

Il seroit impossible.... je le sens comme vous.... D'ailleurs.... nous devons nous attendre à chaque instant de perdre ce qui nous est le plus précieux.... Aussi doit-on souvent se dire à soi-même, que le plus grand bonheur est quelquefois suivi des chagrins les plus vifs.... (*d'un ton pénétré.*) Si dans ce jour, au moment même, vous receviez la cruelle nouvelle de la perte de quelqu'un qui vous fût cher... de votre époux.... cette même raison vous seroit d'un grand secours.

### LA MARQUISE.

Pourrois-je m'en servir ?... Mais quel est le ton avec lequel vous me parlez ?... Vous soupirez.... vous détournez les yeux.... des larmes s'en échappent.... Ah Chevalier !... quel nouveau malheur vous seroit survenu ?

### LE CHEVALIER.

Que voulez-vous savoir ?

### LA MARQUISE.

La cause du trouble où je vous vois.

LE CHEVALIER, *avec véhémence, prenant les mains de la Marquise & la faisant asseoir.*

Ma chere Marquise.... au nom du ciel, au nom de la Baronne de Bonnelle votre respectable mere, que vous verrez bientôt....au nom de vos amis....accordez-moi la grace de croire que vos jours me sont plus précieux que les miens.... & que vous devez....

LA MARQUISE.

Que signifie ce discours?...Ma mere arrive du fond du Béarn, sans m'en avertir....Ah Dieu! quel est donc le motif qui la conduit ici...je frémis.... mon sang se glace....mon cœur se resserre.... Ah! tirez-moi de l'affreuse inquiétude où je suis.

LE CHEVALIER, *tout troublé, se jettant à ses pieds.*

Je vous conjure, ma vertueuse amie, de vous calmer....plus vous vous abandonnez à la violence du désespoir, plus vous m'ôtez les moyens d'employer les armes de la raison....allons, Madame,... montrez-vous au-dessus de vous-même, rassurez mon cœur qui est déchiré cruellement....Dans un malheur irréparable, que pouvons-nous faire?...Le Marquis.....mon ami....m'a écrit....il m'a prié... il vous prescrit....de prendre assez sur vous-même, pour mettre des bornes....

LA MARQUISE, *hors d'elle-même.*

Ah Dieu! que voulez-vous dire?...expliquez-vous....je suis émue....pénétrée....les pleurs obscurcissent mes yeux....

LE CHEVALIER, *lui donnant une lettre.*

Lisez.

## LA MARQUISE.

Que vais-je apprendre?... C'est de la main de mon époux.

(*Elle lit.*)

« J'ai rempli ma carriere, en servant ma Patrie... pour vous je chérissois la vie... je meurs.... & j'emporte au tombeau la satisfaction de croire qu'en ne m'oubliant point, vous calmerez vos douleurs.... »

Jamais.... jamais.... ah!...

## LE CHEVALIER.

Ciel!... Marcelle.... Defresne....

## SCENE VIII & derniere.

**LE CHEVALIER, MARCELLE, DEFRESNE.**
(*La Marquise évanouie.*)

LE CHEVALIER, *continuant avec la plus grande véhémence.*

MES amis, ne m'abandonnez pas dans ce terrible moment.... Marcelle, ne quittez pas la Marquise. Defresne, excepté ses femmes, que personne n'entre dans le sallon.... Ah Dieu! que vais-je devenir?

MARCELLE, *se jettant aux pieds de sa Maîtresse.*

Ma Maîtresse.... ma chere Maîtresse.... Elle est évanouie.... Ah Monsieur!

## DRAME.

#### LE CHEVALIER.

Marcelle, cachez vos pleurs.... si votre Maîtresse vous est chere, dévorez votre chagrin en silence.... Florange.... mon ami, n'est plus.

#### MARCELLE.

Le Marquis.... Ah Dieu !

(*Les Femmes-de-chambre de la Marquise entrent toutes en pleurs, le Chevalier leur fait signe de se contraindre, Defresne reste en dehors de la porte de l'appartement qu'il laisse entr'ouverte. On entend par intervalle les gémissemens des Domestiques.*)

#### LE CHEVALIER.

Il n'est pas temps de s'abandonner à la douleur; ne pensons qu'à la Marquise.

MARCELLE, *à demi-voix, baignée de larmes, tenant dans ses bras la Marquise & la faisant revenir avec des eaux spiritueuses.*

Ce malheur sera pour moi une source intarissable de larmes.

LA MARQUISE, *revenant à elle, la voix éteinte.*

Laissez-moi, cruels.... je veux mourir.... Ces lieux, asyle du bonheur & de l'amour vertueux, sont pour moi le séjour de l'horreur....Florange.... Florange...je ne te verrai plus....je ne veux plus connoître que le désespoir.

#### LE CHEVALIER.

Madame, opposons à notre malheur le courage...

### LA MARQUISE, *sans l'écouter.*

Mon époux!... tu faisois mon bonheur.... ton amour seul me faisoit aimer la vie.... c'est lui qui va faire le malheur du peu de jours qui me restent à vivre.... Ciel!... pourquoi me l'as-tu si cruellement ravi? je n'aurai désormais de satisfaction qu'à retracer mes peines.... sa chere image sera toujours présente à mon âme.... elle est gravée dans mon cœur en traits de feu.... je ne me plairai qu'à la contempler.....Je crains que ma douleur ne s'affoiblisse ; je ne veux pas que les plaies qui déchirent ce cœur qui n'a jamais été qu'à mon mari, se referment.... Puissent les accens de ma douleur remplir ce séjour d'horreur....

### LE CHEVALIER.

Madame, au nom du ciel! reconnoissez Monval....

### LA MARQUISE.

Je ne veux plus connoître que le malheur & la mort.... oui, la mort est à présent le seul bienfait que je demande au ciel.

### LE CHEVALIER.

Je ne sais où j'en suis.... hélas! elle est dans le plus affreux désordre.... le voile de la mort s'étend sur ses yeux.

### LA MARQUISE, *se levant avec fureur & cherchant à s'arracher des bras de ses Femmes.*

Ah mon époux!... je crois le voir.... j'entends ces expressions si touchantes qu'il me prodiguoit.... je vois briller dans ses yeux ce feu, cette ardeur, où j'ai cent fois puisé la mienne.... Ciel! quelle erreur!..

il n'est plus.... ceux que la foudre frappent sont plus heureux que moi....

LE CHEVALIER.

Madame.....

LA MARQUISE, *dans le délire.*

C'est lui... il est dans l'horreur du combat... je vois ce cher époux environné d'ennemis furieux dont les bras redoutables mettent ses jours en danger.... Arrêtez, cruels.... je vole au-devant du coup mortel qui va le ravir à la vie.... il vous faut une victime.... barbares, voilà mon cœur.

(*Elle tombe dans les bras de ses Femmes.*)

LE CHEVALIER.

Marcelle.... il faut la porter dans son appartement, je vais envoyer chercher tous les secours nécessaires..... ne la perdez pas un seul instant de vue.

LA MARQUISE, *en foiblesse, ouvrant à demi les yeux.*

Je ne puis soutenir l'effroi qui me dévore.... arrachez-moi la vie.... Mon appartement qui m'étoit si cher.... n'est plus pour moi qu'une affreuse solitude.... je suis seule dans l'univers.... je veux finir.... l'espoir trompeur ne me fait plus illusion.... je le sens.... mes forces m'abandonnent.... mon cœur se flétrit.... ah!...

(*On l'emporte dans son appartement.*)

LE CHEVALIER.

Oh ciel!... soutiens-moi dans cet affreux moment.... J'espere tout de l'arrivée de la Baronne ; dans ce malheur une fille si chere trouvera des consolations dans le sein de sa mere.... puissent nos conseils inspirés par l'amitié, calmer sa douleur, & la rendre à ses amis, à sa famille dont elle fait le bonheur.

*FIN.*

## APPROBATION.

J'AI lu, par ordre de Monseigneur le Chancelier, *la Nouvelle imprévue, Drame*, en prose & en un acte ; & je n'y ai rien trouvé qui m'ait paru devoir en empêcher l'impression. A Paris, ce 8 Août 1774.

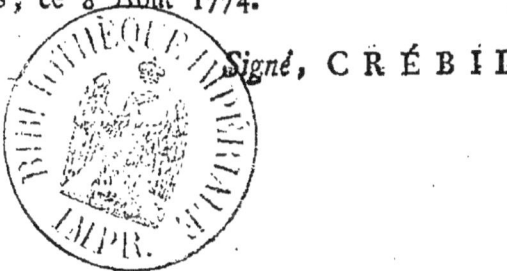

*Signé*, CRÉBILLON.

De l'Imprimerie de CHARDON, rue Galande. 1774.

www.ingramcontent.com/pod-product-compliance
Lightning Source LLC
Chambersburg PA
CBHW060502050426
42451CB00009B/781